5 avril 1864

Exemplaire de Beurdeley père

COLLECTION DE M. ÉDOUARD FOULD

OBJETS D'ART

ET DE

HAUTE CURIOSITÉ

TABLEAUX ANCIENS ET MODERNES

Me CHARLES PILLET,
COMMISSAIRE-PRISEUR

MM. PETIT ET MANNHEIM
EXPERTS.

CATALOGUE

DES

OBJETS D'ART

ET DE

HAUTE CURIOSITÉ

AINSI QUE DES

TABLEAUX ANCIENS

ET MODERNES

COMPOSANT LES COLLECTIONS

DE

M. ÉDOUARD FOULD

ET DONT LA VENTE AURA LIEU

HOTEL DROUOT, Salle N° 8

Les Lundi 5, Mardi 6, Mercredi 7, Jeudi 8
& Vendredi 9 Avril 1869

A DEUX HEURES.

Me CHARLES PILLET, COMMISSAIRE-PRISEUR
Rue Grange-Batelière, 10
MM. FRANCIS PETIT et CHARLES MANNHEIM, Experts
Rue Saint-Georges, 7

EXPOSITIONS

Particulière	*Publique*
LE SAMEDI 3 AVRIL 1869	LE DIMANCHE 4 AVRIL 1869

CONDITIONS DE LA VENTE

Elle sera faite au comptant.

Les adjudicataires payeront *cinq pour cent* en sus des enchères.

Paris.—Typ. PILLET fils aîné, rue des Grands-Augustins, 5.

ORDRE DES VACATIONS

Le Lundi 5 Avril 1869

Tableaux anciens. / Tableaux modernes.	1	à	15

Le Mardi 6 Avril 1869

Matières précieuses.	1	—	61

Le Mercredi 7 Avril 1869

Camées et Bijoux antiques.	62	—	123
Bijoux et Orfévrerie.	124	—	133

Le Jeudi 8 Avril 1869

Tabatières et Bonbonnières.	134	—	200

Le Vendredi 9 Avril 1869

Émaux de Limoges.	201	—	206
Bronzes d'art.	207	—	216
Sculptures.	217	—	227
Porphyre.	228		
Faïences.	229	—	233
Porcelaines.	234	—	241
Émaux cloisonnés et Laques.	242	—	246
Objets variés.	247	—	249
Bronzes d'ameublement.	250	—	258
Meubles.	259	—	267

TABLEAUX

DE L'ÉCOLE MODERNE

BIDA

1 — Prédication maronite dans le Liban.

Le prédicateur, tenant un livre à la main, est debout adossé à un arbre au centre d'une grande forêt; une immense population d'hommes, de femmes et d'enfants, est venue se grouper autour de lui et écouter sa parole.

Dessin capital exposé au salon de 1859.

Haut., 90 cent.; larg., 96 cent.

DECAMPS

2 — Samson combattant les Philistins.

« Et ayant trouvé là une mâchoire d'âne qui était à « terre, il la prit et en tua mille hommes :

Livre des Juges, chap. xv, verset 15.

Composition capitale et très-célèbre dans l'œuvre de Decamps.

Vente Duchesse d'Orléans. — Vente Demidoff.

Haut., 82 cent.; larg., 1 mèt. 20 cent.

GÉROME

3 — Rembrandt gravant dans son atelier.

L'artiste fait mordre une eau forte dont il surveille attentivement le travail. Le jour passe au travers d'un châssis blanc que tamise la lumière ; près de lui sont des burins, des fioles, et des vases.

Un grand paravent l'isole du reste de son atelier.

Vente de Morny.

Daté 1860. Haut., 82 cent.; larg., 120 cent.

MARILHAT

4 — **Place d'une mosquée en Turquie.**

Une mosquée entourée d'autres bâtiments et jardins occupe la droite d'une place sur laquelle on voit une immense quantité de figures groupées, des chameaux chargés et toute l'animation d'une grande ville d'Orient.

Haut., 25 cent.; larg., 35 cent.

MEISSONIER

5 — **La visite à l'atelier.**

C'est l'intérieur de l'atelier d'un peintre flamand du XVIIe siècle; l'artiste est debout devant son chevalet, tenant sa palette à la main, il interroge du regard un jeune seigneur qui examine son tableau avec une certaine importance.

Des études et des tableaux ornent les murs de l'atelier, des portefeuilles et des dessins sont à terre.

Grisaille. Haut., 21 cent.; larg., 17 cent.

ZIEM.

6 - **Vue de Venise au coucher du soleil.**

7,500 —

Le soleil commence à disparaître; la vue se développe sur le grand canal chargé de bateaux et de gondoles ; le palais des doges, le Campanile et les clochers de Saint-Marc se détachent en silhouette sur le ciel.

A gauche le dôme de l'église de la Salute.

Vente de Morny.

Haut., 85 cent.; larg., 1 mèt. 16 cent.

TABLEAUX

DE L'ÉCOLE ANCIENNE

HAVERMAN

(MARGUERITE)

7 — **Fleurs.**

Des fleurs de toutes espèces sont groupées dans un vase placé devant une niche sur une table de marbre.

Auprès du vase des fruits et des raisins.

Vente Louis Fould.

Daté 1716. Haut., 79 cent.; larg., 60 cent.

HAVERMAN

(MARGUERITE)

8 — **Fleurs.**

Fleurs groupées dans la même disposition que dans le tableau précédent.

Auprès du vase un nid d'oiseaux.

Vente Louis Fould.

Haut., 79 cent.; larg., 60 cent.

HONDEKOETER

(MELCHIOR)

9 — **Coq et poules.**

Une poule défend ses poussins contre un petit chien épagneul. Le coq chante, monté sur une pierre sculptée, fragment d'un vieil entablement brisé.

Un pigeon s'envole à tire d'ailes.

Haut., 1 mèt. 20 cent.; larg., 1 mèt.

LANCRET

(NICOLAS)

10 — Réunion près d'une fontaine.

Toute une société joyeuse a fait halte près d'une fontaine momumentale ombragée des grands arbres d'un parc; Chacun rit, cause, ou fait la cour; quatre danseurs dansent une ronde des plus gracieuses au son de la musette.

Au premier plan à droite une jeune femme assise joue avec un éventail, à ses pieds est un jeune seigneur à demi couché et tenant une mandoline. Près de là des groupes d'enfants et une petite bouquetière.

Composition de 22 figures et peut-être le plus beau tableau de ce maître.

Vente lord Pembroke.

Haut., 95 cent.; larg., 1 mèt. 27 cent.

PATER

11 — Réunion dans un parc.

Au milieu d'un parc orné de statues, de fontaines et de berceaux, une nombreuse société s'est réunie et se livre à des ébats joyeux. Un jeune homme et une jeune femme dansent au son des musettes et du violon.

Au fond d'un berceau à droite tout un buffet servi de rafraîchissements.

Composition de 22 figures, formant un admirable pendant au tableau de Lancret.

Vente lord Pembroke.

Haut., 95 cent.; larg., 1 mèt. 28 cent.

OSTADE

(ADRIEN)

12 — **Intérieur hollandais.**

Une femme en costume hollandais est assise sur un banc près d'une fenêtre, elle tient d'une main un papier et de l'autre un crayon.

Près d'elle, un livre et divers autres objets; à terre, un chat couché; une mandoline est appendue à la muraille.

Vente Louis Fould. — Vente de Morny.

Haut., 27 cent.; larg., 25 cent.

PORBUS

(ATTRIBUÉ A)

13 — **Deux volets de triptique.**

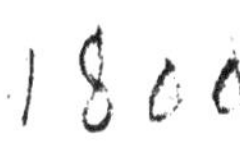

Sur l'un des volets sont représentés le donateur et ses cinq fils; sur l'autre, sa femme avec ses quatre filles. Au revers les figures de saint philippe et saint Martin. Ces deux dernières figures sont peintes en grisaille.

D'après les blasons il a été possible de retrouver les noms des deux personnages principaux; le donateur s'appelait Philippe de Maldeghem, sa femme Martine de Boneem.

Vente Louis Fould.

Haut., 96 cent.; larg., 43 cent.

WEENIX

(JEAN)

14 — **Nature morte.**

Du gibier mort à terre et accroché à un buisson, un fusil, des fleurs, etc.; au loin toute une ville italienne au bord d'un fleuve.

Haut., 1 mèt. 8 cent.; larg., 92 cent.

WOUWERMAN

(PHILIPPE)

15 — **Le cerf forcé.**

Au milieu d'un paysage accidenté de montagnes et de collines, on aperçoit une vieille habitation bordant une rivière qui roule en cascades au milieu des pierres et des accidents de terrain.

La chasse descend de la montagne, le cerf est à l'eau et aux abois, les chiens l'entourent, les chasseurs le serrent de près. A droite un groupe de cavaliers, de dames et de serviteurs font halte et suivent curieusement les péripéties de la chasse.

Collection de l'Élysée. — Vente Louis Fould.

Haut., 1 mèt. 33 cent.; larg., 1 mèt. 95 cent.

OBJETS D'ART

MATIÈRES PRÉCIEUSES

1 — Sardonyx orientale a trois couches. — Magnifique pierre de forme ovale taillée à biseau, remarquable par la régularité de ses diverses couches et par la beauté de sa matière.

Elle a été montée sur une boîte en or guilloché et gravé.

Haut., 79 millim.; larg., 56 millim.

2 — Sardonyx orientale a trois couches. — Superbe pierre analogue à celle qui précède, mais plus petite.

Ce bel échantillon a été monté dans un cercle d'or.

Haut., 55 millim.; larg., 40 millim.

3 — Sardonyx orientale. — Très-petit vase de forme ovoïde.

Haut., 27 millim.

4 — Sardonyx orientale. — Coupe ronde creuse et sans anse; rare et admirable matière dans laquelle quelques antiquaires ont cru voir celle des vases murrhins.

Haut., 70 millim.; diam., 95 millim.

5 — Sardonyx orientale. — Vase sans anse, en forme d'ampoule, orné de moulures et entièrement évidé. Très-belle matière. Travail antique.

Haut., 9 cent.

6 — Sardonyx orientale. — Lecythus à deux petites anses prises dans la masse. Très-belle matière.

Haut., 7 cent.

7 — Sardonyx orientale. — Plateau antique de forme ovale à deux petites oreilles plates placées à chacune de ses extrémités et repercées à jour. Pièce remarquable par la richesse de la matière.

Long., 15 cent.; larg., 9 cent.

8 — Sardonyx orientale. — Petit vase de forme ovoïde, à gorge rapportée. Il est monté sur piédouche et son bouton est garni en or émaillé à filet blanc.

Haut., 72 millim.

9 — Sardonyx brune. — La déesse *Ap*, *Apt* ou *Schepon*, appelée aussi *Thonoris la grande*, représentée debout avec la tête d'une lionne, le corps d'un hippopotame et les mamelles pendantes. Objet très-précieux par le travail et la rareté de la matière.

Haut., 67 millim.

10 — Cristal de roche. — Vase de forme surbaissée à large ouverture supérieure, à deux goulots godronnés et à anses mufles de lion en relief. Sa panse présente divers épisodes de la vie de Pâris très-finement gravés en creux et son piédouche pris dans la masse est relié à la panse du vase par des canaux creux.

Ce vase, superbe échantillon de l'art du lapidaire à Milan au XVIe siècle, a été garni récemment d'une anse mobile et d'une base en or émaillé dans le style de l'époque.

Haut., 105 millim.; diam., 18 cent.

11 — Cristal de roche. — Très-belle coupe ronde parfaitement évidée d'épaisseur. Son bord, gravé en creux, est orné de trois mascarons et d'arabesques de la plus grande élégance et du travail le plus fini.

La coupe est godronnée et le piédouche évidé est pris dans la masse. Travail exquis et de la meilleure époque du XVIe siècle.

Haut., 8 cent.; diam., 11 cent.

12 — Cristal de roche. — Vase en forme de hanap, enrichi d'arabesques élégantes gravées en creux. Son anse, de même matière, a été rapportée. Travail du xvie siècle.

Haut., 18 cent ; diam., 95 millim.

13 — Cristal de roche. — Petit vase double, à couvercle surmonté d'un fruit gravé et reposant sur un pied à double branche enroulée. Cette pièce a été garnie en or émaillé, à feuillages et ornements noirs et blancs.

Haut., 14 cent.; larg., 85 millim.

14 — Cristal de roche. — Gobelet de forme ovale, à figures de tritons, nymphe et oiseaux gravés en creux. Il est garni à sa partie supérieure d'une anse mobile en argent doré avec parties filigranées. Travail du xvie siècle.

Haut., 10 cent.; long., 10 cent.

15 — Cristal de roche. — Gobelet de forme évasée et à couvercle bombé, surmonté d'un bouton enrichi de godrons et de feuilles d'acanthe finement gravés en relief. Cette pièce est remarquable par la régularité de sa taille et la pureté de sa matière. Cercle et base en argent doré.

Diam., 73 millim.; haut. totale, 13 cent.

16 — Cristal de roche. — Vase modèle balustre à deux anses, têtes d'éléphant, garnies d'anneaux mouvants

pris dans la masse. La panse est enrichie de paysages et de figures gravés en relief, et son couvercle présente un dragon en relief qui lui tient lieu de bouton. Socle en bois découpé à jour. Travail chinois.

Haut., sans le pied, 145 millim.

17 — Cristal de roche. — Vase en forme de balustre aplati ; la panse ainsi que le couvercle sont ornés de dragons chimériques en relief. Travail chinois. Pièce remarquable par son volume et la pureté de sa matière.

Haut., 16 cent.

18 — Cristal de roche. — Petit vase de forme sphérique, dont la panse offre quatre groupes de branchages sculptés en haut relief et découpés à jour. Travail chinois. Pièce curieuse par sa forme ; matière très-pure. Socle et contre-socle en bois sculpté et découpé à jour.

Haut., sans les socles, 8 cent.; diam., 12 cent.

19 — Cristal de roche. — Écritoire à couvercle, en forme de fruit à branchages, feuillages et écureuils gravés en relief et découpés à jour. Travail chinois.

Haut., 6 cent.; larg., 10 cent.

20 — Cristal de roche. — Figurine de chinois accroupi.

Haut., 75 millim.; larg., 10 cent.

21 — Cristal de roche. — Sceptre de mandarin ou bâton de commandement en forme de branche d'arbre. Travail chinois.

Long., 38 cent.

22 — Opale girasol du Mexique. — Coupe en forme de coquille ovale et évidée, montée sur pied à balustre et à anse formée par un serpent. Garniture en argent doré et rubis. Pièce remarquable par son volume et de la plus grande rareté.

Haut., 11 cent.; long., 11 cent.; larg., 6 cent.

23 — Lapis lazuli. — Beau vase entièrement évidé et à deux anses en forme d'S, prises dans la masse et découpées à jour. Le pied, en argent ciselé et doré, est de travail italien du XVIe siècle.

Haut., 20 cent.

24 — Lapis lazuli de Perse. — Magnifique aiguière à panse ovoïde sculptée à godrons et enrichie d'une large frise placée entre deux rangs de perles, offrant des médaillons ovales et des fleurons. La gorge est ornée de godrons en spirale et l'anse est formée d'un enroulement élégant. Toutes ces parties sont exécutées en lapis lazuli de Perse de la plus belle qualité.

La monture, en or émaillé, se compose d'un pied à feuillages repercés à jour, d'un culot à feuilles d'acanthe, d'une frise de feuilles ornant la partie supérieure de la panse et d'un large mascaron barbu couvrant la gorge ainsi que le goulot. L'anse est reliée à la gorge et à la panse du vase par une garniture d'or émaillé.

Ouvrage moderne remarquable et d'une réussite parfaite, dans le style de la Renaissance italienne.

Haut. totale, 275 millim.

25 — Lapis lazuli de Perse. — Très-jolie coupe ovale taillée à godrons, formant canaux creux à l'intérieur. Son pied est formé par une figurine d'Atlas debout en argent émaillé blanc avec chevelure et draperie dorées. Cette statuette repose sur un pied en cristal de roche, garni en argent et décoré d'arabesques émaillées en couleurs.

Haut. totale, 135 millim.; larg. de la coupe, 142 millim.

26 — Agate orientale mamelonnée et sardonisée. — Très-belle aiguière de forme ovoïde. La monture, en or émaillé, se compose d'un piédouche à feuillages et feuilles d'acanthe avec nœud d'agate taillé à godrons; d'un bandeau émaillé à ornements de couleurs reliant la partie supérieure du vase à la panse; l'anse, formée par une cariatide de femme ailée, émaillée au naturel et dont la chevelure est réservée en or ciselé, se termine à sa partie inférieure par une corne d'abondance à feuillages émaillés vert, et repose sur une tête grimaçante en or repoussé et émaillé qui s'applique sur le bandeau dont il a été parlé plus haut. La partie antérieure du goulot est ornée d'une tête de satyre qui se détache en émail et en or sur un fond d'émail blanc à écailles réservées en or, et une tête de bélier en ronde bosse relie le goulot du vase aux ailes de la cariatide qui forme anse et qui sont émaillées vert.

La monture de cette pièce remarquable a été exécutée récemment dans le goût et dans le style des bijoux italiens de la Renaissance.

Haut. totale, 28 cent.

27 — Agate orientale sardonisée. — Coupe de forme contournée à branchages et feuillages lui tenant lieu d'anse, et à dragons sculptés en relief et découpés à jour. Travail chinois.

Haut., 7 cent.; larg., 15 cent.

28 — Sardoine orientale. — Flacon-tabatière de forme ovale aplatie. Dimension rare; superbe matière; son bouchon est formé par une rubasse montée en or. Travail chinois.

Haut., 8 cent.; larg., 7 cent.

29 — Agate orientale blonde mamelonnée. — Coupe ronde unie, bien évidée.

Haut., 7 cent.; diam., 118 millim.

30 — Agate orientale blonde mamelonnée. — Coupe ronde à neuf lobes, parfaitement évidée. Son plateau est festonné à six compartiments. Travail chinois.

Haut. de la coupe, 7 cent.; diam., 16 cent.
Diam. du plateau, 145 millim.

31 — Agate orientale blanchatre. — Coupe ronde unie avec base de même matière. Son bord et son pied sont garnis en argent doré.

Haut., 10 cent.; diam., 11 cent.

32 — Agate orientale blanche mamelonnée. — Grande coupe ronde unie avec base évidée. Travail oriental.

Haut., 10 cent.; diam., 13 cent.

33 — Agate orientale blanche mamelonnée et arborisée. — Gobelet de forme légèrement évasée avec base prise dans la masse et évidée. Travail oriental.

Haut., 85 millim.; diam., 87 millim.

34 — Même matière. — Coupe de forme hémisphérique, avec base prise dans la masse et évidée. Travail oriental.

Haut., 65 millim.; diam., 11 cent.

35 — Même matière. — Coupe lobée, à anse formée par des branches découpées à jour et prises dans la masse. Travail chinois.

Haut., 5 cent.; long., 11 cent.

36 — Même matière. — Soucoupe ronde unie. Travail chinois.

Diam., 11 cent.

37 — Agate orientale mamelonnée. — Petite tasse ronde à deux anses formées par des dragons.

Haut., 4 cent.; diam., 9 cent.

38 — Même matière. — Petite coupe ronde unie.

Haut., 38 millim.; diam., 73 millim.

39 — Même matière. — Coupe de forme hémisphérique.

Haut., 34 millim.; diam., 61 millim.

40 — Agate orientale blonde mamelonnée et sardonisée. — Coupe ronde à pans, bien évidée.

Haut., 4 cent.; diam., 9 cent.

41 — Agate orientale blonde mamelonnée. — Coupe ronde et basse accompagnée de son présentoir de forme curieuse, avec plateau pris dans la masse. Travail chinois.

Haut. totale, 6 cent.; diam , 125 millim.

42 — Cristal de roche nébuleux. — Deux coupes de forme ronde et évasée, avec couvercle.

Haut., 77 millim.; diam., 123 millim.

43 — Cristal de roche. — Beau vase en forme de dragon ailé debout; la tête lui tient lieu de goulot, et la queue, formant aussi goulot, est décorée d'un mascaron. Ouvrage milanais du xvie siècle.

Le goulot et le pied sont garnis d'une monture en or émaillé dans le style de l'époque.

Haut. totale, 195 millim.; larg., 215 millim.

44 — Jade blanc laiteux. — Magnifique coupe en forme de coquille, parfaitement évidée, se terminant à sa partie supérieure par une tête de daim très-finement sculptée en ronde bosse et découpée à jour. Sa base, formée par une rosace, se rattache à la coupe par des feuilles d'acanthe qui ornent son culot. Ouvrage indien remarquable et de la plus grande rareté.

Haut., 7 cent.; long., 19 cent.

45 — Jade blanc laiteux. — Charmant petit vase à goulot recourbé, enrichi de fleurs et de feuillages en rubis et émeraudes incrustés et sertis en or. Travail indien des plus précieux. Collection de feu M. le duc de Morny.

Haut., 175 millim.

46 — Jade vert foncé. — Boîte de forme aplatie, à quatre lobes et à couvercle et soucoupe de forme ronde, enrichies d'incrustations d'or et de rubis à fleurs, feuillages et rosace. Très-beau travail indien. Collection de feu M. le duc de Morny.

Haut. de la boîte, 45 millim. ; diam., 112 millim.
Diam. de la soucoupe, 147 millim.

47 — Jade blanc grisatre. — Brûle-parfums de forme ronde à couvercle, entièrement couvert de fleurs sculptées et découpées à jour. Travail chinois.

Haut., 11 cent. ; diam., 13 cent.

48 — Jade gris. — Petit cornet aplati à panse renflée et à quatre lobes, à ornements en relief et palmettes gravées en creux. Travail chinois.

Haut., 51 millim.

49 — Jade blanc verdatre. — Jolie coupe ovale à lobes, reposant sur une fleur formant rosace et à deux anses gravées et découpées à jour. Travail chinois.

Haut., 75 millim. ; long., 190 millim. ; larg., 117 millim.

50 — JADE VERDATRE. — Deux coupes rondes et leurs plateaux, décorés à l'extérieur de godrons très-étroits, et à l'intérieur de canaux creux épousant la forme des godrons et formant rosaces. Travail chinois remarquable par la régularité des lignes et la difficulté d'exécution.

Haut. des coupes, 4 cent.; diam., 12 cent.
Diam. des plateaux, 16 cent.

51 — JADE VERT D'EAU. — Deux petites coupes rondes, à deux anses découpées à jour et prises dans la masse, figurant des branches de pêcher. Un paysage légèrement en relief décore leur panse.

Haut., 38 millim.; diam., 8 cent.

52 — JADE VERT DE BELLE NUANCE. — Brûle-parfums de forme surbaissée, dont la panse et la base offrent des ornements et des arêtes en relief. Les anses, formées de têtes de dragons, sont garnies d'anneaux mouvants, le tout finement sculpté, découpé à jour et pris dans la masse. Le couvercle, décoré d'une frise de fleurs gravées et repercées à jour, est surmonté d'un bouton en forme de couronne, avec entourage de pointes carrées et saillantes. Travail chinois très-fin. Cette pièce repose sur un socle en cuivre, repoussé à ornements, doré en partie et émaillé à gouttelettes.

Haut., sans le pied, 15 cent.; diam , 15 cent.

53 — AGATE BLANCHE OPAQUE ET LAITEUSE. — Vase antique en forme d'ampoule. Sans anses et entièrement évidé.

Haut., 9 cent.

54 — Ambre jaune. — Vase de forme ronde et aplatie. Travail antique. Objet très-rare.

Haut., 6 cent.; diam., 13 cent.

55 — Jade blanc. — Vase forme balustre aplati à couvercle, décoré d'ornements en relief et à deux anses garnies d'anneaux mouvants pris dans la masse. Travail chinois.

Haut., 22 cent. ; larg., 14 cent.

56 — Jade vert émeraude. — Grand et beau vase forme balustre carré et aplati, à couvercle, décoré sur toutes ses faces d'ornements et de palmettes sculptés en relief et à deux anses prises dans la masse et découpées à jour. Pièce remarquable par son volume et la qualité de sa matière. Ouvrage chinois.

Haut., 32 cent. ; larg., 15 cent.

57 — Jade vert d'eau. — Coupe ronde très-bien évidée et décorée à l'extérieur de fleurs et d'ornements sculptés en relief. Ses anses plates sont découpées à jour en forme d'oiseaux. Travail de l'Inde. Collection de feu M. le duc de Morny.

Haut., 8 cent.; diam., 345 millim.

58 — Jade blanc laiteux. — Jolie boîte ovale et aplatie, couverte de fleurs finement sculptées en relief. Le bouton du couvercle est formé par le calice d'une fleur. Travail de l'Inde. Collection Pourtalès.

Long., 107 millim. ; larg., 88 millim.

59 — Jade vert. — Petite coupe ronde, dont le culot est formé par des feuilles en relief et reposant sur une fleur formant rosace.

Haut., 45 millim.; diam., 105 millim.

60 — Jade gris verdatre. — Grande et belle coupe ronde parfaitement évidée et offrant à l'extérieur des feuillages et des ornements en relief. Le fond présente une rosace. Travail indien remarquable. Sur socle en bois sculpté.

Haut. sans socle, 6 cent.; diam., 28 cent.

61 — Porphyre rouge oriental. — Petit vase à parfums à deux anses évidées et prises dans la masse. Travail antique.

Haut., 6 cent.

CAMÉES ET BIJOUX ANTIQUES

62 — Sardonyx orientale a trois couches. — Camée antique. — Buste lauré de Lucius Vérus ; profil à droite, la chlamyde attachée sur l'épaule droite. Monture en or. Collection Pourtalès.

Haut., 55 millim.; larg., 45 millim.

63 — Sardonyx orientale a trois couches. — Camée antique avec corniche. Tête laurée d' Agrippine jeune, seconde femme de Claude et mère de Néron. Monture à griffes en or. Collection Pourtalès.

Haut., 34 millim.; larg., 26 millim.

64 — Sardonyx orientale a trois couches. — Camée antique de forme ovale en hauteur avec corniche. Buste d'impératrice romaine, profil à droite. Monture en or.

Haut., 42 millim.; larg., 25 millim.

65 — Sardonyx orientale a trois couches. — Camée antique de forme ovale en hauteur avec corniche. Femme assise, le haut du corps nu et la tête tournée vers la gauche; elle tient une palme de la main droite et laisse échapper du liquide d'un vase qu'elle tient de la main gauche. Monture en or.

Haut., 28 millim.; larg., 24 millim.

66 — Sardonyx orientale a trois couches. — Camée antique de forme ovale en hauteur avec corniche. Tête de femme laurée, profil à droite. Monture en or.

Haut., 27 millim.; larg, 21 millim.

67 — Sardonyx orientale a trois couches. — Camée antique de forme ovale en hauteur. Tête de Minerve casquée, profil à droite. Monture en or.

Haut., 41 millim.; larg., 34 millim.

68 — Sardonyx orientale a trois couches. — Camée antique de forme ovale en hauteur. Tête de femme laurée, tournée vers la droite. Travail très-fin. Monture en or.

Haut., 23 millim.; larg., 18 millim.

69 — Sardonyx orientale a deux couches. — Camée fragmenté antique, de forme ovale en largeur. Éphèbe nu combattant un centaure. Le morceau manquant a été exécuté en or.

Haut., 34 millim.; larg., 39 millim.

70 — Cornaline a trois couches. — Camée antique. Jupiter et Léda. Très-beau travail. Monture en or émaillé du xvie siècle.

Haut., 32 millim.; larg., 28 millim.

71 — Sardonyx a deux couches. — Camée antique ovale en largeur. Lion passant à gauche; il se détache en brun sur une couche blanche. Pièce remarquable par son volume, la beauté de la matière et la perfection du travail. Monture moderne en or émaillé.

Haut., 41 millim.; larg., 53 millim.

72 — Agate onyx a trois couches. — Camée ovale en hauteur. Tête de Pâris, vu de profil et tourné vers la gauche.

Haut., 30 millim.; larg., 25 millim.

73 — Sardonyx orientale a deux et a trois couches. — Camée ovale en largeur. Shah de Perse coupant d'un coup de sabre un lion qui dévore un homme. Dans le champ se trouvent en persan les noms du shah. Travail persan de la plus grande finesse d'exécution. Monture moderne en or émaillé.

Haut., 45 millim.; larg., 48 millim.

74 — Sardonyx orientale a trois couches. — Camée antique ovale en largeur. Cheval passant à droite.

Haut., 29 millim.; larg. 35 millim.

75 — Sardonyx a trois couches. — Camée fragmenté. Tête de Ptolémée Soter, roi d'Egypte, diadémé. Travail grec. Monture en or.

Haut., 26 millim.; larg., 22 millim.

76 — Améthyste. — Camée antique en haut relief. Silène couronné de pampres et de lierre, tête de face. Monture en or du xvie siècle.

Haut., 50 millim.; larg., 40 millim.

77 — Sardonyx a deux couches. — Camée fracturé de forme ovale en hauteur. Buste d'empereur romain ; tête laurée, profil à gauche, se détachant en blanc sur une couche brune. Monture en argent doré.

Haut., 80 millim.; larg., 64 millim.

78 — Sardonyx a trois couches. — Camée antique percé dans le sens de la largeur. Buste de Jupiter vu de face; il tient les foudres de la main droite. Ce buste a été transformé en figure de Christ. Pièce remarquable par la beauté de la matière. Monture en or.

Diam., 45 millim.

79 — Calcédoine a deux couches. — Camée antique fragmenté. Victoire ailée debout; les jambes manquent. Monture en or.

Haut., 27 millim.; larg., 25 millim.

80 — Agate onyx a trois couches. — Camée ovale en hauteur. Tête laurée de l'empereur Galba, vue de profil et tournée vers la gauche. Monture en or.

Haut., 40 millim.; larg., 30 millim.

81 — Calcédoine a deux couches. — Camée ovale en hauteur, portant une signature grecque effacée en partie. Buste de femme en haut relief. Monture en or.

Haut., 30 millim.; larg., 23 millim.

82 — Saphir.— Camée ovale. Tête d'homme vue de trois quarts et tournée vers la droite. Monture en or à perles d'émail bleu.

Haut., 21 millim.; larg., 18 millim.

83 — ÉMERAUDE. — Oiseau à tête humaine avec longue moustache; figurine de ronde bosse avec base en or.

Haut, 15 millim.

84 — CALCÉDOINE BRULÉE. — Camée ovale en largeur, de style grec. Lion dévorant un taureau.

Haut., 25 millim.; larg., 35 millim.

85 — NICOLO. — Intaille. Ganymède nu debout, coiffé du bonnet phrygien; il tient le pedum d'une main et de l'autre une coupe. Montée en bague d'or.

86 — PRASE. — Intaille. Cléopâtre debout ; elle tient l'aspic de la main droite. Montée en bague d'or.

87 — SARDONYX A DEUX COUCHES. — Camée antique. Génie ailé effrayé à la vue d'un scorpion qui s'avance vers lui. Très-bon travail. Monté en bague.

88 — SARDONYX A DEUX COUCHES. — Camée antique. Buste de jeune garçon, tourné vers la droite. Travail romain. Monture en bague.

Haut., 13 millim.

89 — SARDONYX A DEUX COUCHES. —Camée monté en bague. Tête laurée d'empereur romain, tournée vers la droite.

90 — Sardonyx a deux couches. — Camée antique mont en bague d'or. Jeune faune couronné de lierre, assis sur une peau de panthère, en contemplation devant deux flûtes.

Haut., 9 millim.; larg., 11 millim.

91 — Sardonyx a deux couches. — Camée antique à corniche monté en bague. Masque scénique vu de face.

92 — Calcédoine a deux couches. — Camée monté en bague. Tête de vierge, vue de profil et tournée vers la droite.

93 — Sardonyx a quatre couches. — Intaille montée en bague tournante en or. Faune agenouillé tressant une couronne de pampres.

94 — Cornaline. — Intaille montée en bague d'or. Buste d'empereur romain vu de profil et tourné vers la gauche. Beau travail.

95 — Sardoine barrée. — Intaille montée en bague. Cratère ou grand vase donysiaque à deux anses. Malgré l'exiguïté de cette jolie pierre, on distingue le bas-relief qui décore le vase : c'est un sacrifice à Bacchus. Travail gréco-romain d'une grande délicatesse.

96 — Sardoine barrée. — Intaille montée en bague d'or. Guerrier nu debout, coiffé d'un casque et armé d'une lance, emplissant un vase à deux anses.

97 — Sardoine. — Intaille montée en bague d'or. Antonien le vieux et Faustine, bustes en regard ; entre les deux on lit : FAIOC.

98 — Cornaline. — Intaille montée en bague d'or tournante. Othryades blessé, le casque en tête et ayant conservé son bouclier au bras. Beau travail grec.

99 — Prase. — Intaille montée en bague. Ulysse nu debout consultant l'oracle.

100 — Cornaline Gemmer. — Intaille montée en bague d'or. Buste de Jules César, tête nue tournée à gauche. Travail antique très-fin.

101 — Nicolo. — Intaille antique montée en bague d'or. Mercure, buste de profil avec caducée.

102 — Sardonyx a trois couches. — Intaille antique montée en bague d'or. Germanicus debout, entièrement nu, s'appuyant de la main droite sur une lance et tenant de la gauche une palme.

103 — Sardonyx a trois couches. — Intaille antique montée en bague d'or. Amour ailé poursuivant un papillon.

104 — Sardonyx a trois couches. — Intaille montée en bague. Buste de profil de Jules César, tourné vers la gauche ; il porte sur sa poitrine un buste de Jupiter Sérapis.

105 — Améthyste. — Intaille montée en bague d'or. Jupiter Ammon Sérapis ; buste de trois quarts avec les cornes et le modius.

— Jaspe rouge. — Intaille montée en bague. Buste d'un jeune homme imberbe, les cheveux frisés.

107 — Calcédoine blanche. — Scarabée ; sur le plat, un roi, l'épée haute et prêt à frapper un ennemi, agenouillé devant lui et qui l'implore. Travail très-fin qui paraît être phénicien. Monture moderne en or.

108 — Nicolo. — Intaille montée en bague d'or. Jupiter Ammon, buste de trois quarts.

109 — Sardoine. — Intaille montée en bague d'or. Buste d'Hercule jeune coiffé de la peau du lion et tourné vers la gauche.

110 — Péridot de couleur claire. — Intaille montée en bague d'or tournante. Adrien et Sabine sa femme; bustes en regard.

111 — Cornaline. — Intaille montée en bague tournante en or. Tydée blessé, retirant la flèche de sa jambe; on lit son nom en caractères étrusques.

112 — Sardoine. — Intaille fragmentée et montée en bague d'or. Bustes en regard de Marc-Aurèle et de Vérus, revêtus tous deux du paludamentum et la tête nue.

Haut., 16 millim.; larg., 25 millim.

113 — Sardoine blonde. — Intaille antique montée en bague d'or émaillé noir. Lion au galop; au bas un gouvernail.

114 — Cornaline. — Intaille antique d'un très-beau travail montée en bague. Bellérophon monté sur Pégase, prêt à frapper de sa lance; on lit dans le champ : AIIIC.

115 — Bague en or massif, ornée de feuillages; sur le chaton un nicolo non gravé. Travail antique.

116 — Pendant d'oreille en or massif. — Génie ailé tenant une amphore.

Haut., 18 millim.

117 — Pendant d'oreille en or massif. — Figure d'Harpocrate debout.

Haut., 20 millim.

118 — Paire de pendants d'oreilles en or repoussé ; le motif est Cupidon ailé, suspendu à un bouton orné d'un grenat cabochon. Le grenat manque à l'un d'eux.

Haut., 35 millim.

119 — Pendant d'oreille en or travaillé partie au repoussé et partie en filigrane, orné de sphynx et de rosaces.

Haut., 25 millim.

120 — Collier en or formé d'une chaînette gourmette très-fine, avec fermoir formé par deux têtes de gazelle en grenat montées en filigrane.

Long., 45 cent.

121 — Petit vase à deux anses, en or massif, à feuillages et mascarons en relief. Cette pièce est destinée à être suspendue.

Haut., 26 millim.

122 — Médaille en or de Lucius Vérus ; au revers, guerrier debout portant une figurine de victoire.

123 — Agate orientale. — Petit buste d'homme sur piédouche en jaspe sanguin. Travail du xvie siècle.

BIJOUX & ORFÈVRERIE

124 — Bijou d'applique. — Aigle en or émaillé noir et blanc. Le corps est formé d'une perle baroque et les ailes sont enrichies de diamants tables et de rubis. Travail du XVIe siècle.

Haut., 68 millim.; larg., 72 millim.

125 — Belle et forte bague avec chaton en saphir et dont la monture en or émaillé est formée d'enroulements. Travail du XVIe siècle.

126 — Bague en or finement ciselé ; le chaton a la forme d'une large rosace composée de cabochons en saphir et en rubis. Fabrique de Delhi.

127 — Grosse montre de voiture du temps de Louis XV, en argent repoussé à attributs et guirlandes de fleurs. Mouvement à répétition et réveil; double boîte en galuchat.

128 — Très-beau collier, composé de sept gros grains et chaînons en filigrane d'argent. Travail de l'Inde.

Long. totale, 90 cent.

129 — Très-beau vidrecome en argent repoussé et doré, offrant des médaillons représentant l'Adoration des Mages, l'Adoration des Bergers et l'Annonciation;

l'anse est ornée d'une tête de génie en ronde bosse. Très-beau travail du XVIe siècle que l'on peut attribuer à l'un des meilleurs orfévres de Nuremberg.

Haut., 18 cent.

130 — MÉDAILLON ROND en argent offrant un bas-relief exécuté au repoussé et représentant Horatius Coclès, défendant seul le pont Sublicius. Très-beau travail du XVIe siècle. Cadre carré en bronze doré.

Diam., 18 cent.

131 — RELIQUAIRE en argent repoussé en forme de bras qui a dû renfermer le bras de saint Pantaléon, évêque et martyr; la main est figurée dans le geste consacré à la bénédiction; l'anneau épiscopal est passé au doigt médius et le chaton est orné d'un cabochon en queue de paon; le poignet et la manche sont couverts d'ornements en filigrane et enrichis de pierreries; une petite porte à charnières présente deux écussons avec armoiries. On lit sur la manche : PANTALEONIS AVE sur fond niellé. Ouvrage du XIIIe siècle.

Haut., 48 cent.

132 — CHEF OU RELIQUAIRE en cuivre repoussé et doré, destiné à renfermer la tête d'une sainte, probablement une reine; elle est vêtue d'un manteau de pourpre et porte la couronne royale; de longs cheveux pendent sur ses épaules, le bandeau de la couronne qui ceint son front ainsi que la fibule qui agrafe son manteau sont ornés de pierreries et d'ornements gravés. Ouvrage du XIVe siècle.

Haut., 28 cent.

133 — Bijou en forme de dauphin exécuté à l'aide de perles baroques montées en or et enrichi de rubis et d'émeraudes.

TABATIÈRES ET BONBONNIÈRES

134 — Bonbonnière ronde en or guilloché et émaillé rouge, enrichie de cordons et de pilastres finement ciselés et réservés en or de couleurs. Le couvercle offre le portrait du duc de Bourgogne peint sur émail par Petitot, avec entourage en or ciselé. La boîte date du temps de Louis XVI.

Diam. du médaillon, 15 millim.
Diam. de la bonbonnière, 47 millim.

135 — Boite de forme rectangulaire en écaille montée à gorge à charnière et doublée en or. Le couvercle présente le portrait du maréchal de Turenne peint sur émail par Petitot. Ce médaillon ovale est monté dans un cadre à réverbère en or ciselé à branches de laurier avec filet d'émail bleu qui occupe toute la surface du couvercle. On lit sur la gorge de la boîte : *Etienne Nitot et fils, joailliers bijoutiers de S. M. l'Impératrice*, et à l'intérieur se trouve un certificat dont nous donnons la copie :

Je certifie que la tabatière en or, ornée du portrait de Turenne, appartenant à Monsieur Poggioli, a fait partie de celles appartenant à l'Empereur, rapportées de Sainte-Hélène, dont j'ai été dépositaire.

Signé : Comte Marchand.

Exécuteur testamentaire de l'empereur Napoléon.

Paris, 27 janvier 1853.

Long., 75 millim.; larg., 55 millim.

136 — Boite ovale du temps de Louis XVI en or de couleurs ciselé à rosaces, trophées et attributs divers, mascarons, etc. Le couvercle offre dans un médaillon ovale un portrait d'homme peint sur émail par Petitot. Ce personnage a la face colorée; il porte une longue chevelure et de petites moustaches grisonnantes; il est vêtu d'un pourpoint noir avec large collerette blanche attachée par des glands.

Larg., 87 millim.; haut., 36 millim.

137 — Grande et belle boite ovale du temps de Louis XV, en or, à figures d'enfants, guirlandes de vigne et rosaces ciselées en relief. Elle est enrichie de cinq médaillons, quatre au pourtour et un au fond, représentant des jeux d'enfants dans le style de Boucher, et de guirlandes de fleurs, finement gravés en creux et couverts d'une couche d'émail bleu translucide. Le centre du couvercle est occupé par un portrait du roi Louis XIV peint sur émail par Petitot et monté dans un cadre ovale en hauteur en or ciselé à tore de lauriers.

Larg. de la boîte, 85 millim.; haut., 4 cent.

138 — Boite ovale du temps de Louis XV en or ciselé à festons de vigne et ornements, et enrichie d'incrustations de burgau nacré. Son couvercle est orné d'un portrait de femme peint sur émail par Petitot (duchesse du Maine). Cet émail est de forme ovale en hauteur.

Larg. de la boîte, 9 cent.; haut., 38 millim.

139 — Boite ovale et plate du temps de Louis XVI en or guilloché à mille raies et étoiles, émaillé jaune orangé et à cordons et pilastres à ornements et rosaces ciselés en relief et encadrés d'émail blanc. On a rapporté sur le couvercle de cette boîte une peinture sur émail par Petitot, représentant un portrait d'homme vu de trois quarts, portant la perruque à rallonges et une cuirasse. Ce médaillon ovale a été monté dans un cadre en or ciselé. On lit sur la gorge de la boîte : *Du Petit Dunkerque.*

Larg. de la boîte, 88 millim.; haut., 23 millim.

140 — Boite ovale du temps de Louis XVI en or guilloché à mille raies et pois, émaillé vert olive ; elle est enrichie de cordons et de pilastres ciselés en relief avec points d'émail imitant des perles d'opale et entre-deux à feuillages émaillés vert. Son couvercle offre dans un médaillon rond un portrait de femme (la duchesse de Montpensier ?) peint sur émail par Petitot.

Larg. de la boîte, 72 millim.; haut., 24 millim.

141 — Portrait ovale du roi Louis XIV peint sur émail par Petitot, et monté dans un cadre carré à réverbère en or, enrichi de branches de lauriers ciselées en relief et de filets émaillés bleu. Ce médaillon est rapporté sur une boîte de forme oblongue en écaille noire montée à gorge à charnière en or.

Long., 85 cent.; larg., 65 cent.

142 — Portrait de femme peint sur émail par Petitot et monté dans un cadre ovale à réverbère en or à filet d'émail bleu. Ce médaillon est placé sur une boîte de forme oblongue en écaille noire montée à gorge à charnière et doublée en or.

Long., 75 millim.; larg., 48 millim.

143 — Boite de forme oblongue a angles coupés, en or guilloché et à feuillages gravés émaillés gros bleu. Son couvercle est orné d'un portrait de jeune homme peint sur émail et attribué à Petitot le fils ; il est monté dans un cadre à réverbère en or ciselé à ornements et appliqué sur un fond d'or à ornements ciselés de même style.

Long., 83 millim.; larg., 56 millim.

144 — Boite ovale en or émaillé en plein, décorée de six médaillons, représentant des sujets de nature morte, et de huit cartouches en émail imitant l'agate herborisée. Le fond est enrichi d'ornements ciselés et de canaux émaillés vert émeraude. Époque Louis XV.

Long., 8 cent.; haut., 33 millim.

145 — Boite de forme carrée en or gravé à quadrilles et à sujets de personnages dans le style de Boucher avec encadrements de fleurs finement peints en couleurs et émaillés en plein. Le sujet du couvercle est signé Le Sueur. Époque Louis XV.

Long., 69 millim.; larg., 50 millim.

146 — Boite ovale du temps de Louis XVI en or émaillé gros bleu et étoiles d'or, enrichie de cordons et de pilastres ciselés en relief et émaillés en couleurs. Le dessus offre dans un médaillon ovale une peinture sur émail attribuée à Petitot, représentant un portrait de femme en costume du temps de Louis XIV.

Long., 95 millim.; haut., 23 millim.

147 — Boite de forme carrée en or émaillé en plein, à sujets de personnages, d'après Watteau, et encadrements formés de rinceaux gravés, émaillés vert émeraude et de festons de fleurs décorées en couleurs. Époque Louis XV.

Long., 70 millim.; larg., 50 millim.

148 — Boite de forme carrée en or guilloché émaillé en plein; elle est décorée sur chacune de ses faces de paysages gravés en creux et couverts par une couche d'émail bleu translucide. Encadrements formés de festons de fleurs décorés en couleurs avec feuillages émaillés vert émeraude. Époque Louis XV.

Long., 67 millim.; larg., 53 millim.

149 — Grande boite carrée ornée de six dessins à la mine de plomb par De Boissieu (1787), représentant diverses scènes champêtres, des paysages et des sujets de personnages, d'une exécution remarquable. La boite est montée à cage en or ciselé à rinceaux et doublée en or.

Long., 85 millim.; larg., 64 millim.; haut., 42 millim.

150 — Grande et belle boite ovale en or émaillé gros bleu à l'imitation du lapis, avec application d'ornements en or finement ciselé et découpé à jour. Elle est enrichie au fond et au pourtour de médaillons ovales représentant des sujets ayant trait à l'amour, finement peints en grisaille et sur ivoire par Degault. Son couvercle offre à son centre un portrait de femme peint sur émail d'une exécution remarquable. Les cadres des médaillons, ainsi que les cordons de la boîte, sont ciselés à chaînette et émaillés blanc et vert. Époque Louis XVI.

Long., 87 millim.; larg., 65 millim.; haut., 33 millim.

151 — Boite de forme oblongue montée à cage en or gravé à chaînette et ornements, et doublée en or. Elle est enrichie de six jolies miniatures gouachées par De Lioux de Savignac, représentant des paysages avec figures. Époque Louis XVI.

Long., 74 millim., larg., 42 millim.

152 — Boite ronde en écaille blonde, montée en or ciselé à ornements. Son couvercle offre une miniature par Van Blarenberghe représentant un paysage avec figures et animaux. Époque Louis XVI.

Diam., 76 millim.; haut., 25 millim.

153 — Boite de forme carrée en vernis de Martin, décorée de sujets de personnages dans le style de Watteau peints en couleurs sur fond rouge et or. L'intérieur du couvercle offre un sujet analogue sur fond or. Monture à gorge à charnière en or. Époque Louis XV.

Long., 84 millim.; larg., 65 millim.; haut., 40 millim.

154 — Boite a cure-dents modèle baignoire en or guilloché émaillé gris perle et à cordons et pilastres ciselés à feuillages et ornements en relief et émaillés rouge rubis et vert émeraude. Entre-deux formés de pois d'émail blanc. L'intérieur du couvercle est garni d'un miroir. Époque Louis XVI.

Long., 92 millim.; haut., 17 millim.

155 — Boite modèle baignoire en or guilloché à mille raies et pois et cordons ciselés en relief enrichis de pois d'émail imitant l'opale et de feuillages émaillés vert. Époque Louis XVI.

Haut., 94 millim.; haut., 17 millim.

156 — Grande boite carrée montée à cage et doublée en or, enrichie de six jolies peintures sur émail représentant des bouquets de fleurs avec cadres en or gravé et appliquées sur fond d'argent guilloché et émaillé gris perle. L'une des peintures porte la signature Hamelin et la date 1758.

Long., 82 millim.; larg., 58 millim.; haut., 41 millim.

157 — Grande et belle boite ovale en or de couleurs ciselé à rosaces, mascarons et ornements divers et enrichie de parties émaillées vert émeraude translucide. Son couvercle présente un sujet de personnages finement peint sur émail, en grisaille sur fond marbré rouge violacé. Époque Louis XV.

Long., 83 millim.; larg. 60 millim.; haut, 38 millim.

158 — Boite ovale en or de couleurs ciselé à mascarons, festons de lauriers et guirlandes de fleurs, enrichie d'incrustations de malachite et ornée de six médaillons ovales en or repoussé représentant des sujets de personnages d'après Boucher. Époque Louis XV.

Larg., 80 millim.; larg., 60 millim.; haut., 31 millim.

159 — Boite carrée en or gravé, enrichie sur chacune de ses faces d'un sujet de personnages de style flamand exécuté en nacre de perle sculptée en relief, de diverses nuances et se détachant sur le fond d'or. Époque Louis XV.

Long., 78 millim.; larg., 61 millim.; haut., 37 millim.

160 — Grande boite carrée montée à cage en or gravé et doublée en or. Elle offre sur chacune de ses faces une plaque de nacre de perle incrustée d'ornements en or gravé, découpés à jour avec fleurs en relief émaillées en couleurs. Époque Louis XV.

Long., 83 millim.; larg., 63 millim.; haut.. 37 millim.

161 — Petite boite de forme carrée à angles coupés, montée à cage en or ciselé à guirlandes de fleurs et garnie de plaques de bois pétrifié. Époque Louis XVI.

Long., 73 millim.; larg., 54 millim.; haut., 33 millim.

162 — Boite carrée en acier ciselé à ornements de style rocaille en relief, sur fond damasquiné en or. Monture à cage gravée et doublée en vermeil. Époque Louis XV.

Long., 77 millim.; larg., 58 millim.; haut., 42 millim.

163 — Boite ovale en or ciselé du temps de Louis XVI avec panneaux d'émail vert sur fond guilloché. Le couvercle offre une peinture très-fine en grisaille représentant des jeux d'enfants d'après Boucher. On lit sur la gorge de la boîte : *Roucel, orfévre du Roi, à Paris.*

Long., 80 millim.; haut, 37 millim.

164 — Boite carrée à angles coupés, en ancien laque du Japon à décor d'or; montée à cage en or ciselé en relief et enrichie d'émaux imitant les pierres précieuses. Cette boîte est doublée en or. Époque Louis XVI.

Long., 75 millim.; larg., 56 millim.; haut., 26 millim.

165 — Boite ovale en vernis de Martin rouge sur fond guilloché, montée à cordons et rosaces en or ciselé et découpé à jour. Au pourtour, un feston de lauriers en or repoussé et sur le couvercle un médaillon de même matière représentant une Offrande à l'Amour. Époque Louis XVI.

Long., 72 millim.; larg., 46 millim.; haut.; 30 millim.

166 — Grande boite carrée en poudre d'écaille incrustée d'ornements en or et enrichie d'applications en or repoussé et découpé à jour représentant des branches de fleurs et des oiseaux. Cette boîte est montée en or repoussé, à fleurs et ornements rocaille, son bec est enrichi de roses et elle est doublée en or. Époque Louis XV.

Long., 85 millim., larg., 64 millim.; haut., 40 millim.

167 — Boite de forme carrée en nacre de perle sculptée enrichie d'applications de figures, de fleurs et d'ornements dans le style de Berain, en or repoussé et émaillé en couleurs. Elle est montée à cage en or à ornements en relief émaillés et elle est doublée en or.

Long., 85 millim.; larg., 56 millim.; haut., 35 millim.

168 — Charmante petite boite à angles coupés, en or émaillé jaune d'or sur fond guilloché et enrichi de cordons et de pilastres à ornements ciselés en relief et émaillés en couleurs. Sur le couvercle se trouvent dans un médaillon deux D enlacés, exécutés en brillants et roses et appliqués sur un fond de verre bleu. Époque Louis XVI.

Long., 64 millim.; larg., 47 millim.; haut., 27 millim.

169 — Belle boite de forme carrée à angles coupés en or finement ciselé à feuillages et perles en relief et filets d'émail blanc. Chacune de ses faces présente des compartiments garnis de plaque de cornaline rouge de très-belle qualité. Époque Louis XVI.

Long., 74 millim.; larg., 54 millim.; haut., 28 millim.

170 — Boite de forme carrée et à cuvette profilée en or, ciselée à ornements de style rocaille et à fleurs en relief. Son couvercle est enrichi d'une peinture sur émail de forme ovale représentant une figure de femme s'appuyant sur une lyre et un amour chantant. Cette peinture est exécutée en grisaille sur un fond marbré rouge. Époque Louis XV.

Long., 76 millim.; larg., 57 millim.; haut., 32 millim.

171 — Petite boite de forme contournée et s'ouvrant dans le sens de la largeur ; en or ciselé à ornements de style rocaille et à fleurs et ornements émaillés en relief. Le fond et le couvercle sont garnis chacun d'une plaque d'agate orientale mamelonnée et on a incrusté dans la plaque du couvercle un camée sur calcédoine blanche à deux couches qui représente le buste de Charles-Quint tourné vers la droite. Ce camée date du XVIe siècle et la boîte a été exécutée sous Louis XIV.

Long., 63 millim.; larg., 48 millim.; haut., 27 millim.

172 — Grande boite carrée à angles arrondis décorée de gouaches représentant des paysages avec figures de bergers et animaux. Elle est montée à cage en or ciselé à feuillages et ornements en relief et elle est doublée en doublé d'or sur argent.

Long., 80 millim. larg.; 58 millim.; haut., 34 millim.

173 — Grande boite carrée du temps de Louis XV, en or de couleurs ciselé à figures et ornements et représentant des sujets allégoriques : le Temps, la Paix, la Guerre, le Commerce, etc. La plaque du fond est unie.

Long., 83 millim.; larg., 63 millim.; haut., 42 millim.

174 — Grande boite ovale en or de couleurs ciselé du temps de Louis XV. Elle représente sur chacune de ses faces des paysages et des sujets de marine avec figures dans des encadrements de style rocaille.

Long., 85 millim.; larg., 62 millim.; haut., 39 millim.

175 — Boite ovale en or émaillé vert clair et filets blancs, et enrichie d'ornements très-fins décorés en or. Sur le couvercle se trouve, dans un cadre ovale en or émaillé, le portrait de la reine Marie-Antoinette, peint sur émail.

Long., 85 millim.; larg., 65 millim.; haut., 30 millim.

176 — Boite a cage de forme carrée a angles coupés en or, à filets d'émail bleu et pilastres gravés et doublée en or. Elle est garnie de très-jolies miniatures peintes par De Gault, à l'imitation de camées et représentant des sujets de bacchanales d'après l'antique.

Long., 83 millim.; larg., 59 millim.; haut., 28 millim.

177 — Boite carrée en or de couleurs à sujets champêtres ciselés en relief sur fond gravé à mille raies et encadrements composés de guirlandes de fleurs, de cornes d'abondance et de rubans. Époque Louis XV.

Long.. 80 millim.; larg., 60 millim.; haut., 36 millim.

178 — Boite de forme oblongue a angles coupés en lapis lazuli de Perse, montée à cage en or ciselé à feuillages et pilastres. Les plaques du pourtour et du couvercle sont taillées en biseaux, celle du fond est unie. Époque Louis XVI.

Long., 75 millim.; larg., 63 millim. Haut., 38 millim.

179 — Boite ovale en écaille montée à gorge à charnière et galonnée en or, à ornements découpés à jour. Le couvercle est formé par une peinture sur émail en grisaille, représentant le Triomphe d'Ariane et de Bacchus, signée : E. Le Bel.

Long., 85 millim.; larg., 63 millim.; haut., 38 millim.

180 — Bonbonnière modèle ballon en écaille posée et piquée d'or, à ornements de style rocaille, et enrichie d'incrustations de nacre de perle. Le couvercle et le fond sont ornés de figures en or repoussé, appliquées sur fond de nacre de perle. Époque Louis XV.

Diam., 70 millim.; haut., 48 millim.

181 — Boite de forme carrée a angles coupés et très-plate, en lapis lazuli de Perse, taillé à moulures. Monture à gorge à charnière en or à ornements gravés et festonnés.

Long., 85 millim.; larg., 67 millim.

182 — Boite ronde en écaille doublée en or. Son couvercle est orné d'une belle miniature ovale sur vélin, attribuée à Petitot, et représentant Jacques de Castelnau, maréchal de France. Ce portrait est monté dans un cadre à réverbère en or ciselé à figures de génies et trophées d'armes et filets d'émail bleu.

Diam., 90 millim.

183 — Boite modèle baignoire en or émaillé gros bleu, et riches cordons de pois d'émail, imitant l'opale. Époque Louis XVI.

Long., 98 millim.; larg., 32 millim.; haut., 27 millim.

184 — Boite analogue a celle qui précède. Elle est émaillée violet et le cordon du pourtour a des entre-deux émaillés blanc. Époque Louis XVI.

Long., 94 millim.; larg., 29 millim.; haut., 26 millim.

185 — Petite boite ovale en or émaillé gris perle sur fond guilloché, et décor imitant l'herborisation des pierres. Elle est enrichie de cordons et de pilastres finement ciselés à feuillages et ornements en relief et émaillés rouge rubis et vert émeraude. Époque Louis XVI.

Long., 65 millim.; larg., 47 millim.; haut., 26 millim.

186 — Boite analogue a celle qui précède. Elle est émaillée gros bleu uni.

Long., 64 millim.; larg., 48 millim.; haut., 26 millim.

187 — Boite de forme carrée, a angles arrondis et a cuvette profilée, en caillou d'Egypte, montée à gorge à charnière en or et présentant sur toutes ses faces des ornements de style rocaille et des figures en or repoussé et découpé à jour. Son couvercle et son bec sont, de plus, enrichis d'ornements composés de soixante-quatre brillants de diverses dimensions. Époque Louis XV.

Long., 65 millim.; larg., 50 millim.; haut., 40 millim.

188 — Boite de forme carrée en lapis lazuli de Perse de très-belle qualité, montée à cage en or ciselé à fleurs et doublée en or. On lit sur la gorge : *Vachette à Paris.*

Long., 78 millim.; larg., 58 millim.; haut., 26 millim.

189 — Boite de forme oblongue en vernis de Martin, représentant sur chacune de ses faces des sujets de marine avec personnages très-finement exécutés, avec encadrements de fleurs et de feuillages en posé or. Cette boîte est montée à gorge à charnière et doublée en or. Son bec est formé de fleurs et de feuillages en or gravé découpé à jour.

Long., 85 millim.; larg., 38 millim.; haut., 44 millim.

190 — Boite carrée garnie de plaques très-minces en jaspe sanguin et montée à cage en or gravé à fleurs et ornements. Le bec de cette boîte est formé d'un bouquet de fleurs composé de dix-huit brillants. Époque Louis XV.

Long., 65 millim.; larg., 50 millim.; haut., 34 millim.

191 — Grande boite carrée en or émaillé gros bleu, enrichie de médaillons de personnages et de guirlandes de fleurs en or de couleurs finement ciselés et rapportés. L'encadrement de chacune des faces de la boîte est formé par un ruban réservé en émail vert foncé sur fond d'or gravé à mille raies. Époque Louis XV.

Long., 80 millim.; larg., 58 millim.; haut., 35 millim.

192 — Boite carrée garnie de plaques très-minces d'agate orientale blonde, veinée de brun; monture à cage en or gravé du temps de Louis XVI.

Long., 70 millim.; larg., 51 millim.; haut., 32 millim.

193 — Belle boite ovale en or de couleur à rosaces, tores de lauriers et ornements très-finement ciselés en relief. On lit sur la gorge : *Le Bastier à Paris.* Époque Louis XVI.

Long., 90 millim.; larg., 48 millim.; haut., 39 millim.

194 — Grande boite ovale en or, enrichie de panneaux d'émail vert foncé sur fond guilloché. Elle est ornée au pourtour de guirlandes de fleurs se rattachant aux pilastres en or de couleurs très-finement ciselé; sur le couvercle et au fond se trouvent des médaillons ovales peints sur émail en grisaille sur fond jaune. Le dessus est entouré par un encadrement de demi-perles. Époque Louis XVI.

Long., 90 millim.; larg., 62 millim.; haut., 37 millim.

195 — Boite ovale en or émaillé opale sur fond guilloché et décorée d'arbustes en camaïeu brun. Cette pièce est enrichie de cordons et de pilastres composés d'ornements et de feuillages en relief émaillés rouge, bleu, blanc et vert émeraude. Époque Louis XVI.

Long., 85 millim.; larg., 60 millim.; haut., 32 millim.

196 — Petite boite de forme carrée à angles coupés en caillou d'Egypte, à cuvette profilée, montée à gorge à charnière en or ciselé. Époque Louis XVI.

Long., 68 millim.; larg., 52 millim.; haut., 30 millim.

197 — Boite ovale en or guilloché et à cordons décorés de fleurs émaillées en camaïeu rose sur fond d'émail bleu clair. Le centre du couvercle est occupé par une peinture sur émail représentant un groupe de deux amours en camaïeu gris sur fond rose. Époque Louis XVI.

Long., 89 millim.; larg., 44 millim.; haut., 38 millim.

198 — Grande boite ovale en or émaillé gros bleu sur fond guilloché, avec sujets de style chinois et guirlandes de fleurs réservés en or gravé. Époque Louis XV.

Long., 86 millim.; larg., 62 millim.; haut., 37 millim.

199 — Petite boite ovale du temps de Louis XVI en or émaillé gros bleu à riches cordons ciselés en relief, rehaussés d'émail bleu et blanc. Le dessus est enrichi d'un portrait du roi Louis XIV peint sur émail par Petitot.

Long., 65 millim.; haut, 25 millim.

200 — Petite boite ovale en or guilloché émaillé rouge orangé, à cordons et pilastres ciselés en relief et réservés sur fond d'émail blanc. Le dessus est orné d'une peinture en grisaille sur émail par De Mailly, représentant Vénus couronnant l'Amour. Époque Louis XVI.

Long., 65 millim.; haut., 30 millim.

ÉMAUX DE LIMOGES

201 — Émail de Limoges. — Peinture en grisaille légèrement teintée sur fond noir. Grand triptyque monumental composé de six plaques d'émail. Le tableau du centre représente saint Jean prêchant, entouré de ses disciples; au-dessus, dans le cintre, Dieu le Père bénissant; le volet de gauche représente le Baptême de Jésus par saint Jean et celui de droite la Décollation de saint Jean. Au dessus de chacun de ces volets, un ange sonne de la trompette. Ces belles peintures peuvent être attribuées à Martin Didier; la monture, en bois noir, est décorée d'arabesques en or.

Haut. totale, 60 cent.; larg., 70 cent.

202 — Émail de Limoges. — Plaque ovale légèrement convexe; peinture coloriée et sur paillons, représentant Bethsabée sortant du bain entourée de ses femmes; la messagère de David lui remet une lettre; la scène se passe dans un magnifique jardin orné de vases et de statues; la fontaine d'où jaillit l'eau est surmontée de Pégase; dans le fond, on distingue la ville de Jérusalem, et à gauche le palais de David. Le roi est sur un balcon, la couronne en tête et le sceptre à la main. Cette magnifique plaque est attribuée à Jean Courtois; M. le comte de Laborde la mentionne parmi les œuvres non signées de cet artiste. Cadre en cuivre doré à moulures.

Haut., 30 cent.; larg., 41 cent.

203-204 — Émail de Limoges. — Belle paire de salières forme piédouche, à peinture en grisaille teintée rehaussée d'or, représentant des sujets de chasse ; les cavités destinées à recevoir le sel sont ornées de bustes avec entourages d'arabesques. Ces deux belles pièces portent un écusson armorié et les lettres P. R., initiales de Pierre Raymond.

Haut., 11 cent.; diam. à la base, 12 cent.

205 — Émail de Limoges. — Plaque de forme rectangulaire ; peinture en grisaille, représentant la Fuite en Egypte, que l'on peut attribuer à Pierre Raymond.

Haut., 80 millim.; larg., 85 millim.

206 — Émail vénitien. — Petit plateau à godrons en spirale, décoré de feuillages en or sur fonds bleu, vert et blanc alternés ; xvie siècle.

Diam., 22 cent.

BRONZES D'ART

207 — Médaille italienne en bronze. — Jeanne Albizzi, femme de Laurent Tornabuoni. UXOR. LAURENTH. DE TORNABONIS. J OANNA. ALBIZA. R'. Groupe de trois femmes nues. CASTITAS. PULCHRITUDO. AMOR. Très-bel exemplaire.

Diam., 77 millim.

208 — Statuette antique. — Déesse debout, la tête ceinte d'une stéphané ornée de roses en argent; cette figure est vêtue d'une tunique talaire recouverte en partie par un grand péplus; les attaches de ses manches sont en argent et son avant-bras droit est détruit. Patine brune. Fût en serpentin. Collection Pourtalès.

Haut., 13 cent.

209 — Statuette antique. — Apollon debout ailé et casqué, le corps entièrement nu; il tient un dauphin de la main gauche. Les pieds, l'avant-bras droit et une aile sont détruits.

Haut., 15 cent.

210 — Statuette antique. — Sylène debout et drapé tenant une coupe de la main gauche.

Haut., 5 cent.

211 — Statuette antique. — Satyre à demi couché, appuyé sur le coude gauche; il est barbu et a de longues oreilles et des pieds de bouc. Ce bronze est remarquable par la beauté du travail et la belle couleur verte et brillante de sa patine.

Haut., 4 cent.; long., 6 cent.

212 — Bronze italien du XVIe siècle. — Mercure assis, coiffé du pétase ailé, avec la chlamyde sur l'épaule et les ailerons aux pieds. On trouve une représentation de cette figure dans l'*Antiquité expliquée* de Montfaucon, supplément, tome I, p. 96.

Haut., 31 cent.

213 — Bronze florentin du XVIe siècle. — Groupe représentant Sylène ivre couronné de lierre, soutenu par un jeune satyre et une jeune bacchante.

Haut., 19 cent.

214 — Bronze doré. — Deux burettes à panses ovoïdes; leur bec représente une tête de lion, et l'anse, d'une grande élégance, se rattache à la panse par un mascaron ailé; XVIe siècle.

Haut., 18 cent.

215 — Bronze italien. — Petit bénitier formé par une tête de Christ couronnée d'épines.

Haut., 7 cent.

216 — Médaillon en bronze sans revers. — Catherine de Médicis, reine de France. Cadre carré en bronze doré.

Diam., 17 cent.

SCULPTURES

217 — Ivoire. — Feuille de diptyque. Sculpture de haut relief, représentant l'Adoration des Rois Mages; cette scène est placée sous trois arceaux en ogive très-riches d'ornementation. Cette pièce porte des traces de dorure et de peinture. Ouvrage du XIVe siècle.

Haut., 13 cent.; larg., 9 cent.

218 — Ivoire. — Petit diptyque. Sculpture en bas-relief. Sur le volet de gauche est représentée l'Adoration des Bergers, et sur celui de droite l'Adoration des Mages. Ces sujets sont placés sous des arceaux en ogive. Ouvrage du XIVe siècle. Monture en bois postérieure aux plaques d'ivoire.

Haut., 80 millim.; larg., 62 millim.

219 — Ivoire. — Haut relief provenant d'un coffret. Glaucus et la nymphe Scylla dans la mer. Glaucus est représenté avec le corps humain, sauf les jambes qui finissent en queues de poisson; Scylla est représenté entièrement en femme; elle tient d'une main un roseau et s'appuie de l'autre sur l'épaule de Glaucus. Deux génies montés sur des dauphins escortent ce couple. Un de ces génies sonne dans une conque, l'autre tient une grenade. En haut, on lit en creux ces mots flamands : Glaucus en Scylla, *Glaucus et Scylla.* Ouvrage du commencement du XVIIe siècle. Cadre en bois noir.

Haut., 18 cent.; larg., 23 cent.

220 — Ivoire. — Gourde chargée de sculptures en bas-relief, représentant d'un côté le Christ entre les deux larrons, et au revers, la Descente de croix. Ces sujets sont composés d'un grand nombre de figures; une chaîne formée de trente maillons sculptés et pris dans la masse se rattache à la gourde par deux chimères formant les anses. Cette pièce, qui date du milieu du XVIe siècle, est remarquable par son volume.

Haut., 25 cent.

221 — Ivoire. — Cippe monté en bronze doré, formant piédestal. Il offre au pourtour un sujet sculpté en bas-relief. Neptune, debout au milieu des flots, le trident à la main, reçoit des tributs de diverses nations. Des tritons lui amènent des nymphes, tandis que d'autres lui apportent des coquillages dans une grande conque.

Haut. de l'ivoire, 13 cent.; avec la monture, 24 cent.

222 — Ivoire. — Couteau et fourchette dont les manches sont formés par des groupes d'enfants tenant des fruits. Travail très-fin dans le style de François Flamand.

Long., 19 cent.

223 — Bois. — Statuette égyptienne antique. Amset, génie funéraire à tête humaine peinte en rouge.

Haut., 8 cent.

224 — Bois. — Statuette égyptienne antique. Hapi, génie funéraire à tête de singe dite cynocéphale.

Haut., 8 cent.

225 — Bois. — Statuette égyptienne antique. Tioumantef, génie funéraire à tête de chacal peinte en noir.

Haut., 8 cent.

226 — Bois. — Statuette égyptienne antique. Keb-son-if, à tête d'épervier peinte en blanc.

Haut., 8 cent.

227 — Terre cuite antique. — Statuette de femme debout, le coude appuyé sur un cippe, la tête ceinte d'une couronne de lierre et vêtue d'une grande robe ouverte sur la poitrine; elle tient de la main gauche un éventail en forme de feuille de lierre.

Haut., 31 cent.

PORPHYRE ORIENTAL

228 — Porphyre rouge oriental. — Deux jolis vases à couvercles, sculptés à canaux creux à torsades et montés en bronze doré au mat. Socles de même matière avec moulures en marbre blanc.

Haut. totale, 42 cent.

FAIENCES

229 — Fabrique d'Urbino. — Aiguière dont la panse de forme ovoïde représente le sujet d'Actéon changé en cerf, peint en couleurs. L'anse se rattache à la panse par un mascaron en relief.

Haut., 35 cent.

230 — Fabrique de Faenza. — Petit plat modèle dit *Cuppa amatoria*, à fond bleu décoré d'arabesques en grisaille. Au fond un buste d'homme : CHLAVDIO.

Diam., 25 cent.

231 — Même fabrique. — Petit plat semblable ; il offre au fond le buste d'Annibal.

232 — Fabrique italo-mauresque. — Plat rond et creux, décoré de feuillages en bleu sur blanc, avec écusson au centre et rehaussé de reflets nacrés.

Diam., 47 cent.

233 — Faïence de Bernard Palissy. — Plat rond orné de six mascarons en relief ; au centre une rosace ; les bords sont ornés de fleurs découpées et le tout est émaillé de couleurs variées.

Diam., 26 cent.

PORCELAINES

234 — Deux très-belles chimères, en ancien céladon de deux couleurs, au grand feu, violet et bleu turquoise ; auprès de la femelle est une petite chimère ; auprès du mâle une boule découpée à jour ; les piédestaux sont

carrés et émaillés violet. Pièces remarquables par leurs dimensions, la réussite de l'émail et leur parfaite conservation. Elles sont montées sur des socles en bronze ciselé et doré.

Haut., 55 cent.

235 — Vase de forme rectangulaire allongée, en porcelaine de Chine émaillée gros bleu uni; deux mufles de lion, avec anneaux, figurent les anses. Sur socle en bois noir découpé à jour.

Haut., 40 cent.

236 — Vase en forme de gourde à côtes, en porcelaine de Chine émaillée bleu jaspé.

Haut., 25 cent.

237 — Petit bol en ancienne porcelaine de Chine craquelée truitée; elle est décorée à l'intérieur de branchages gravés en creux. Socle en bois sculpté et découpé à jour.

Haut., 68 millim.; diam., 158 millim.

238 — Plat creux en ancienne porcelaine de Chine, avec médaillon au centre représentant des fleurs et des oiseaux décorés en émaux de la famille verte et rehaussés d'or; au pourtour, frise de fleurs en camaïeu bleu sur fond blanc; au bord, ornements et fleurs réservés en blanc sur fond rouge.

Diam., 38 cent.

239 — Deux vases, modèle balustre en céladon fleuri fond bleu d'empois, à décor d'animaux et d'arbustes en bleu et rouge de cuivre. Ils sont montés à anses, socles et gorges en bronze ciselé et doré au mat. Style Louis XVI.

Haut., 39 cent.

240 — Deux petits vases, de forme cylindrique en ancien céladon bleu d'empois gaufré sous émail ; gorges et socles en bronze doré.

Haut., 15 cent.

241 — Beau service de table en ancienne porcelaine de Saxe, décoré de fleurs et d'oiseaux en couleurs. Il se compose de :

Trois soupières ovales avec plateaux et couvercles surmontés de figurines.
Quatre légumiers avec plateaux.
Dix-sept plats ronds.
Seize petits plats ronds.
Dix-neuf plats longs.
Quatre plats carrés.
Deux saladiers.
Quatre saucières avec plateaux.
Quatre salières.
Quatre moutardiers avec cuillers.
Quatre-vingt-treize assiettes plates.
Trente-cinq assiettes à potage.
Dix-sept compotiers carrés.
Huit autres compotiers.
Deux sucriers avec plateaux.

En tout deux cent quarante-six pièces.

ÉMAUX CLOISONNÉS ET LAQUES

242 — Vase en forme de bouteille en émail cloisonné, décoré d'arbustes et de fruits sur fond bleu turquoise.

Haut., 34 cent.

243 — Très-beau vase, modèle balustre, à deux anses garnies d'anneaux mobiles, en émail cloisonné, décoré de zones de fleurs et d'ornements en couleurs sur fond d'émail vert foncé. Très-belle qualité ancienne. Socle en bois sculpté.

Haut., 48 cent.

244 — Boite carrée à couvercle à recouvrement en laque du Japon aventuriné décoré d'éventails et d'écussons en or et burgau. Elle est garnie à l'intérieur d'un plateau qui renferme six petites boîtes décorées de même.

Haut., 11 cent.; long., 14 cent.; larg., 12 cent.

245 — Deux brule-parfums en laque usé du Japon de forme octogone et à couvercle découpé à jour. Ils sont décorés d'animaux, d'arbustes et de nuages en or sur fond noir, et sont garnis en cuivre à l'intérieur.

Haut., 9 cent.; diam., 10 cent.

246 — Quatre petites boites de forme oblongue en laque usé du Japon à décor de paysages en or. Elles sont montées à charnières en cuivre et contiennent des fiches, jetons et contrats en nacre de perle gravée.

Long., 72 millim.; larg., 48 millim.

OBJETS VARIÉS

247 — Mosaique. — Buste de la sainte Vierge de trois quarts; un grand voile descend sur ses épaules, et la tête est légèrement inclinée à gauche; sur fond d'or. Ouvrage des mosaïstes vénitiens du xve siècle.

Haut., 26 cent.; larg., 28 cent.

248 — Sabre circassien avec poignée en argent doré et niellé; fourreau en velours vert et rouge garni aussi en argent doré et niellé.

249 — Poignard indien à lame incrustée d'argent doré et poignée plaquée d'argent gravé et doré.

BRONZES D'AMEUBLEMENT

250 — Pendule de style Louis XVI en bronze doré à l'or moulu, modèle à consoles et guirlandes de fleurs et surmontée d'une cassolette à quatre têtes et pieds de biche. Elle repose sur un socle en marbre griotte d'Italie, enrichi d'appliques et de moulures en bronze finement ciselé et doré.

Haut., 60 cent.; larg., 50 cent.

251 — Pendule du temps de Louis XVI en bronze doré au mat et vermeil; elle est enrichie, à sa partie supérieure, d'une figure de femme assise tenant le caducée du commerce et une corne d'abondance; au bas se trouvent deux figures d'enfants et divers attributs. Mouvement de Guydamour, à Paris, à cheville et battant la demi-seconde.

Haut., 58 cent.; larg., 47 cent.

252 — Deux candélabres en bronze doré à l'or moulu, composés chacun de deux figures de femmes portant des bouquets de lis porte-lumières, et reposant sur des socles en marbre griotte d'Italie garnis de bronzes dorés. Style Louis XVI.

Haut., 90 cent.

253 — Deux flambeaux en bronze doré à l'or moulu, à balustres ornés de guirlandes de lauriers. Epoque Louis XVI.

Haut., 30 cent.

254 — Deux chenets en bronze doré à vases et galeries. Époque Louis XV.

Haut., 40 cent.; larg., 45 cent.

255 — Pendule du temps de Louis XVI, modèle à cage en bronze doré, enrichie d'ornements très-finement ciselés, sur socle en marbre blanc et bronzes, et surmonté d'un vase. Mouvement de *Lepaute horloger du roi.*

Haut., 43 cent.; larg., 22 cent.

256 — Deux candélabres en bronze doré au mat, à figures de femmes supportant des cornes d'abondance d'où s'échappent six branches porte-lumières à rinceaux; les socles sont ornés de bas-reliefs à figures d'amours. Style Louis XVI.

Haut., 85 cent.

257 — Deux chenets du temps de Louis XIV en bronze doré, en forme de vases, décorés de médaillons présentant des bustes d'empereurs romains en relief, et sur piédouches garnis de consoles; socles en marbre vert de mer.

Haut., 35 cent.

258 — Grande pendule de la fin du règne de Louis XV en bronze doré sur socle en marbre blanc, et figure de femme assise en bronze vert, représentant les Sciences.

Haut., 55 cent., larg., 40 cent.

MEUBLES

259 — Table carrée en bois noir incrusté de filets et de rosaces en ivoire, reposant sur deux pieds à jour avec potences en fer. Cette table supporte une montre plate en cuivre oxydé blanc garnie en glaces et avec intérieur en velours rouge.

Long., 1 mèt. 25 cent.; larg., 85 cent.

260-261 — Deux commodes forme dite mazarine en marqueterie de cuivre et écaille noire, très-richement garnies en bronze doré à cariatides de femmes ailées, et dessus en marbre brèche de Sicile. Style Louis XIV.

Long., 1 mèt. 25 cent.

262 — Petit secrétaire de style Louis XVI en bois d'Amboine, avec panneaux en laque du Japon à décor d'oiseaux et de fleurs en or sur fond noir et richement garni de bronzes finement ciselés et dorés au mat. Il repose sur quatre pieds cannelés, reliés entre eux par un entre-jambes à X. Dessus de marbre blanc.

Haut., 1 mèt. 36 cent.; larg., 85 cent.

263 — Grande et belle commode de style Louis XVI à côtés cintrés, en marqueterie de bois à rosaces, et présentant sur sa face un grand médaillon décoré d'un vase de fruits et de fleurs en couleurs. Ce beau meuble est très-richement garni de bronzes ciselés et dorés au mat. Dessus de marbre blanc.

Larg., 1 mèt. 70 cent.

264 — Grande et belle table en bois noir, sur pieds carrés, richement garnie de bronzes dorés à l'or moulu. Dessus en granit rose oriental. Style Louis XIV.

Long., 1 mèt. 57 cent.; larg., 70 cent.

265 — Console en bois sculpté et doré de style Louis XV, avec dessus en porphyre rouge oriental de forme contournée et à moulures.

Larg., 1 mèt. 30 cent.

266-267 — Deux grands meubles à deux corps ; le bas disposé pour y placer de grands in-folios, en bois noir et filets de cuivre ; le haut forme vitrine avec trois portes en glace encadrées de moulures en cuivre poli. Le fond est en velours grenat et les tablettes sont en glace.

Haut., 1 mèt. 95 cent.; larg., 2 mèt. 10 cent.

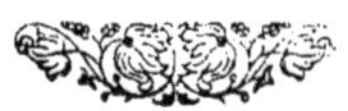

Tableaux et Objets d'Art

(Collection de M. Edouard Fould)

Vente du 5 au 9 avril.

Me *Charles Pillet*, commissaire-priseur ; MM. *Francis Petit* et *Ch. Mannheim*, experts.

(Suite.)

Matières précieuses.

1 — Sardonyx orientale à trois couches, montée sur un boîte en or. — 7,505 fr.

2 — Même matière. Pierre montée dans un cercle d'or. — 2,500 fr.

4 — Sardonyx orientale. Coupe ronde. — 3,400 fr.

5 — Sardonyx orientale. Vase en forme d'ampoule. Travail antique. — 1,550 fr.

7 — Sardonyx orientale. Plateau antique. — 1,400 fr.

9 — Sardonyx brune. La déesse Ap, Apt ou Schepon, appelée aussi Thonoris la Grande. — 500 fr.

10 — Cristal de roche. Vase milanais du seizième siècle. — 13,850 fr.

11 — Cristal de roche. Coupe ronde de la meilleure époque du seizième siècle. — 9,200 fr.

12 — Cristal de roche. Vase en forme de hanap. Travail du seizième siècle. — 2,520 fr.

13 — Cristal de roche. Petit vase double. — 630 fr.

14 — Cristal de roche. Gobelet à figures de tritons, etc. Travail du seizième siècle. — 850 fr.

15 — Cristal de roche. Gobelet de forme évasée. — 790 fr.

16 — Cristal de roche. Vase modèle balustre, de travail chinois. — 700 fr.

17 — Cristal de roche. Vase en forme de balustre aplati. Travail chinois. — 665 fr.

18 — Cristal de roche. Petit vase de forme sphérique. Travail chinois. — 595 fr.

22 — Opale girasol du Mexique. Coupe en forme de coquille ovale. — 8,200 fr.

23 — Lapis lazuli. Vase évidé et à deux anses. — 2,560 fr.

24 — Lapis lazuli de Perse. Aiguière de travail moderne, dans le style de la Renaissance italienne. — 10,100 fr.

25 — Lapis lazuli de Perse. Coupe ovale dont le pied est formé par une figurine qui repose sur un pied en cristal de roche. — 1,100 fr.

26 — Agate orientale mamelonnée et sardonisée. Aiguière avec monture moderne. — 14,600 fr.

28 — Sardoine orientale. Flacon-tabatière. Travail chinois. — 500 fr.

30 — Agate orientale blonde mamelonnée. Coupe ronde de travail chinois. — 1,450 fr.

31 — Agate orientale blanchâtre. Coupe ronde. — 500 fr.

32 — Agate orientale blanche mamelonnée. Coupe ronde de travail oriental. — 805 fr.

33 — Agate orientale blanche mamelonnée et arborisée. Gobelet de travail oriental. — 870 fr.

34 — Même matière. Coupe de travail oriental. — 740 fr.

43 — Cristal de roche. Vase en forme de dragon ailé debout. Ouvrage milanais du seizième siècle. — 4,400 fr.

44 — Jade blanc laiteux. Coupe en forme de coquille. Ouvrage indien. — 7,300 fr.

45 — Jade blanc laiteux. Petit vase de travail indien. (Collection de Morny.) — 2,250 fr.

46 — Jade vert foncé. Boîte de travail indien. (Collection de Morny.) — 5,000 fr.

Ch. Fillon.

(La suite au prochain numéro.)

AGENDA DE L'AMATEUR ET DE L'ARTISTE

MARDI 13 avril.

Tableaux et Objets d'Art

(Collection de M. Edouard Fould)

Vente du 5 au 9 avril.

Me *Charles Pillet*, commissaire-priseur ; MM. *Francis Petit* et *Ch. Mannheim*, experts.

(Suite.)

52 — Jade vert. Brûle-parfums sur un socle en cuivre repoussé. Travail chinois très fin. — 1,700 fr.

56 — Jade vert émeraude. Grand vase. Ouvrage chinois. — 3,900 fr.

57 — Jade vert d'eau. Coupe ronde. Travail de l'Inde. (Collection de Morny.) — 690 fr.

58 — Jade blanc laiteux. Boîte de travail indien. (Collection Pourtalès.) — 500 fr.

60 — Jade gris verdâtre. Coupe ronde de travail indien. — 1,025 fr.

Camées et Bijoux antiques.

63 — Sardonyx orientale à trois couches. Camée : Tête laurée d'Agrippine jeune. (Collection Pourtalès.) — 1,420 fr.

64 — Sardonyx orientale à trois couches. Camée : Buste d'impératrice romaine. — 1,300 fr.

65 — Sardonyx orientale à trois couches. Camée : Femme assise. — 690 fr.

66 — Sardonyx orientale à trois couches. Camée : Tête de femme laurée. — 610 fr.

68 — Sardonyx orientale à trois couches. Camée : Tête de femme laurée. — 810 fr.

70 — Cornaline à trois couches. Camée : Jupiter et Léda. — 590 fr.

71 — Sardonyx à deux couches. Camée : Lion passant à gauche. — 920 fr.

72 — Agate onyx à trois couches. Camée : Tête de Pâris. — 750 fr.

73 — Sardonyx orientale à deux et à trois couches. Camée : Shah de Perse coupant d'un coup de sabre un lion qui dévore un homme. Travail persan. — 1,500 fr.

76 — Améthyste. Camée : Silène, tête de face. — 610 fr.

80 — Agate onyx à trois couches. Camée : Tête laurée de l'empereur Galba. — 535 fr.

81 — Calcédoine à deux couches. Camée : Buste de femme en haut relief. — 850 fr.

82 — Saphir. Camée : Tête d'homme vue de trois quarts. — 600 fr.

83 — Emeraude. Oiseau à tête humaine. — 810 fr.

87 — Sardonyx à deux couches. Génie ailé. Camée monté en bague. — 500 fr.

Bijoux, Tabatières et Bonbonnières.

124 — Bijou d'applique. Aigle en or émaillé noir et blanc. Travail du seizième siècle. — 3,100 fr.

129 — Vidrecome en argent repoussé et doré. — 2,120 fr.

131 — Reliquaire en argent repoussé en forme de bras. Ouvrage du treizième siècle. — 850 fr.

134 — Bonbonnière en or, avec portrait du duc de Bourgogne par Petitot. — 1,370 fr.

135 — Boîte en écaille, avec le portrait du maréchal de Turenne par Petitot. (Ayant appartenu à Napoléon Ier.) — 4,000 fr.

136 — Boîte du temps de Louis XVI en or, avec portrait d'homme par Petitot. — 1,905 fr.

137 — Grande boîte du temps de Louis XV en or, avec cinq médaillons, représentant des jeux d'enfants et un portrait de Louis XIV par Petitot. — 3,350 fr.

138 — Boîte du temps de Louis XV en or, avec portrait de femme par Petitot (duchesse du Maine). — 2,600 fr.

139 — Boîte du temps de Louis XVI en or, avec portrait d'homme par Petitot. — 1,440 fr.

140 — Boîte du temps de Louis XVI en or, avec portrait de femme (la duchesse de Montpensier?) par Petitot. — 1,770 fr.

141 — Boîte en écaille, avec portrait de Louis XIV par Petitot. — 860 fr.

142 — Boîte d'écaille, avec portrait de femme par Petitot. — 1,800 fr.

143 — Boîte en or, avec portrait de jeune homme attribué à Petitot le fils. — 1,420 fr.

144 — Boîte en or émaillé, décorée de six médaillons représentant des sujets de nature morte, etc. Epoque Louis XV. — 2,020 fr.

145 — Boîte en or, avec sujets de personnages dans le style de Boucher. — 2,460 fr.

146 — Boîte du temps de Louis XVI en or, avec portrait de femme attribué à Petitot. — 1,300 fr.

147 — Boîte en or, à sujets de personnages, d'après Watteau. — 2,280 fr.

148 — Boîte en or, décorée de paysages. — 1,110 fr.

149 — Boîte ornée de six dessins à la mine de plomb, par De Boissieu (1787). — 2,000 fr.

(La suite au prochain numéro.)

On a vendu, vendredi et samedi dernier, à la salle Sylvestre, une curieuse collection d'autographes, composée de 655 pièces ; le chiffre de la vente s'est élevé à 2,575 fr.

Un lambeau de contrat de mariage, signé Louis XVI et Marie-Antoinette, a atteint 41 fr. ; une pétition de Boïeldieu s'est vendue 27 fr. Citons encore : une lettre de Mme de Maintenon, adjugée 23 fr. ; Frédéric II, 19 fr. ; Gœthe, 12 fr. ; Parny, 10 fr. ; Millevoye, 10 fr ; Necker, 10 fr. ; Nodier, 8 fr. ; Musset, 7 fr. ; Desaix, 11 fr. ; Charles XII, 15 fr. ; et Paul Delaroche, 8 fr.

REVUE DES VENTES PUBLIQUES

Tableaux et Objets d'Art

(COLLECTION DE M. EDOUARD FOULD)

Vente du 5 au 9 avril.

Me *Charles Pillet*, commissaire-priseur; MM. *Francis Petit* et *Ch. Mannheim*, experts.

(Suite et fin.)

150 — Grande boite ovale en or, avec médaillons peints en grisaille et sur ivoire par Degault. — 3,750 fr.

151 — Boite en or, avec six miniatures par De Lioux de Savignac. — 1,575 fr.

152 — Boite en écaille, avec miniature par Van Blarenberghe. — 1,410 fr.

153 — Boite en vernis de Martin, avec sujets de personnages dans le style de Watteau. — 2,340 fr.

156 — Grande boite, avec six peintures sur émail, dont une signée : Hamelin (1758). — 1 670 fr.

157 — Grande boite ovale en or, avec sujet de personnages en grisaille. — 2,120 fr.

156 — Boite ovale, avec incrustations de malachite et six médaillons en or repoussé. — 2,030 fr.

164 — Boite en ancien laque du Japon. — 960 fr.

166 — Grande boite en poudre d'écaille incrustée d'ornements. — 915 fr.

167 — Boite en nacre de perle sculptée, enrichie d'applications, etc. — 800 fr.

168 — Petite boite en or émaillé, avec ornements ciselés et émaillés en couleur. — 1,260 fr.

169 — Boite en or, avec plaques de cornaline rouge. — 1,400 fr.

171 — Petite boite en or ciselé, ornée d'un camée représentant le buste de Charles-Quint. — 2,820 fr.

172 — Grande boite, décorée de gouaches représentant des paysages. — 745 fr.

173 — Grande boite, avec sujets allégoriques. — 645 fr.

174 — Grande boite, avec paysages et sujets de tendre. — 615 fr.

175 — Boite ovale en or, avec le portrait de Marie-Antoinette sur émail. — 1,575 fr.

176 — Boite à rage, avec miniatures par De Gault, imitant les camées. — 1,266 fr.

178 — Boite en lapis lazuli de Perse. — 585 fr.

187 — Boite en caillou d'Egypte, enrichie de brillants. — 1,480 fr.

191 — Grande boite carrée en or émaillé, avec médaillons de personnages, etc. — 1,410 fr.

194 — Grande boite en or, enrichie de panneaux d'émail. — 1,005 fr.

195 — Boite ovale en or émaillé. — 560 fr.

193 — Grande boite en or émaillé, avec des sujets de style chinois. — 1,040 fr.

190 — Petite boite ovale en or émaillé, avec portrait de Louis XIV par Petitot. — 935 fr.

200 — Petite boite ovale en or, avec peinture sur émail par de Mailly. — 930 fr.

Emaux de Limoges.

201 — Email de Limoges. Triptyque monumental, composé de six plaques d'émail attribuées à Martin Didier. — 7,980 fr.

202 — Email de Limoges. Plaque représentant Bethsabée sortant du bain, entourée de ses femmes, attribuée à Jean Courtois. — 10,425 fr.

203-204 — Email de Limoges. Paire de salières, avec initiales de Pierre Raymond. — 2,100 fr.

Objets divers.

207 — Médaille italienne en bronze. Jeanne Albizzi, femme de Laurent Tornabuoni. — 1,200 fr.

208 — Statuette antique. Déesse debout. (Collection Pourtalès.) — 1,155 fr.

209 — Statuette antique. Apollon debout, ailé et casqué. — 835 fr.

213 — Bronze florentin du seizième siècle. Groupe représentant Sylène, etc. — 1,100 fr.

215 — Bronze doré. Deux burettes du seizième siècle. — 900 fr.

221 — Ivoire. Cippe sculpté. — 870 fr.

222 — Deux vases en porphyre rouge oriental. — 4,400 fr.

227 — Aiguière en faïence d'Urbino. — 520 fr.

234 — Deux chimères en ancien céladon de deux couleurs. — 5,100 fr.

239 — Deux vases, modèle balustre en céladon fleuri. — 1,950 fr.

241 — Service de table en ancienne porcelaine de Saxe, décoré de fleurs et d'oiseaux en couleurs, composé de 216 pièces. — 5,305 fr.

243 — Vase modèle balustre en émail cloisonné. — 4,550 fr.

250 et 252 — Pendule et candélabres, de style Louis XVI, en bronze doré. — 2,450 fr.

251 — Pendule du temps de Louis XVI, en bronze doré au mat et vermeil. — 5,500 fr.

255 — Pendule du temps de Louis XVI. — 1,800 fr.

256 — Deux candélabres de style Louis XVI, — 1,700 fr.

257 — Deux chenets du temps de Louis XIV. — 710 fr.

258 — Grande pendule de la fin du règne de Louis XV. — 3,500 fr.

260 et 261 — Deux commodes forme dite mazarine en marqueterie de cuivre et écaille noire. — 3,720 fr. chaque.

262 — Petit secrétaire, de style Louis XVI, en bois d'Amboine, avec panneaux en laque du Japon. — 4,200 fr.

263 — Grande commode, de style Louis XVI, en marqueterie de bois. — 3,000 fr.

264 — Grande table en bois noir. Dessus en granit oriental. — 2,000 fr.

Au total, la vente des collections Edouard Fould a produit 571,430 francs, 5 p. 100 non compris.

—

Le manuscrit des *Heures de Saint-Lô* a été adjugé pour 12,900 francs à M. Dutuit, l'opulent amateur rouennais.

Ch. Filhon.

www.ingramcontent.com/pod-product-compliance
Ingram Content Group UK Ltd.
Pitfield, Milton Keynes, MK11 3LW, UK
UKHW020347180726
13839UKWH00002B/963

9 782329 523774